Harry Potter™

HERMIONE GRANGER™

GUIDE CINÉMA

GALLIMARD JEUNESSE

www.harrypotter.com

Publié en France par Gallimard Jeunesse, en accord avec Scholastic Inc.

Réalisation de l'édition française : Agence Juliette Blanchot
Traduction : Céline Grimault

ISBN 978-2-07-507625-8

Gallimard Jeunesse, 2016

Premier dépôt légal : octobre 2016

Dépôt légal : octobre 2020
N° d'édition : 371264
Loi n° 49-956 du 16 juillet 1949 sur les publications destinées à la jeunesse

10 9 8 7 6 5 4 3

Imprimé en Chine 38

Par Felicity Baker
Direction artistique : Rick DeMonico
Conception : Theresa Venezia

MIX
Paper from responsible sources
FSC™ C144853

Sommaire

Ses débuts

Hermione Granger a grandi dans une famille moldue qui a été fière d'apprendre son admission à Poudlard. Dès son premier voyage à bord du Poudlard Express, elle fait preuve de talent pour la magie et les sortilèges.

Dans le premier film *Harry Potter*, Hermione rencontre Harry et Ron à bord du Poudlard Express. À chaque rentrée des classes, ce train magique conduit les élèves de la gare de King's Cross, à Londres, jusqu'à Poudlard.

9¾ HOGWARTS™ EXPRESS

*«Nom d'une chouette,
tu es Harry Potter !»*

HERMIONE GRANGER — *HARRY POTTER À L'ÉCOLE DES SORCIERS*

Hermione fait une entrée fracassante dans le compartiment de Ron et Harry.

Elle répare les lunettes de Harry grâce à la formule magique *Oculus Reparo*.

À leur descente du train, Hermione et tous les élèves de première année traversent le lac en barque pour se rendre au château de Poudlard.

L'école de sorcellerie devient un second foyer pour Hermione. Toujours prête à aider les autres et dotée d'une vive intelligence, elle est très appréciée durant ses six années à Poudlard.

La vie à Poudlard

Une fois à Poudlard, vient le moment de la Répartition. Chaque élève est envoyé dans l'une des quatre maisons : Gryffondor, Poufsouffle, Serdaigle ou Serpentard.

Hermione est assez intelligente pour Serdaigle, mais, comme elle l'espérait, elle est envoyée à Gryffondor.

Harry et Ron sont également à Gryffondor.

Au début, Hermione, Harry et Ron ne semblent pas vraiment faits pour s'entendre.

«*Non, stop, stop, stop. Tu vas finir par crever un œil à quelqu'un. Et puis d'ailleurs, tu ne sais même pas le prononcer : c'est Levi<u>o</u>sa et pas Levios<u>a</u>.*»

HERMIONE GRANGER — *HARRY POTTER À L'ÉCOLE DES SORCIERS*

Un événement va marquer le début de l'amitié extraordinaire entre Hermione, Harry et Ron.

Hermione est surprise aux toilettes par un énorme troll qui la menace ! Harry et Ron, apprenant qu'une créature dangereuse est en liberté, cherchent Hermione pour la prévenir.

Harry et Ron neutralisent le troll juste à temps. Quand les professeurs découvrent qu'ils ont enfreint le règlement en combattant une créature, Hermione s'accuse à leur place.

Hermione se révèle rapidement une élève douée et appliquée, excellant dans toutes les matières.

« Êtes-vous fière d'être une insupportable je-sais-tout? J'enlève cinq points à Gryffondor ! »

PROFESSEUR ROGUE — *HARRY POTTER ET LE PRISONNIER D'AZKABAN*

Les professeurs de Hermione remarquent son intelligence et sa soif d'apprendre.

« Je n'avais jamais vu une sorcière de votre âge aussi intelligente que vous ! »

PROFESSEUR LUPIN
— *HARRY POTTER ET LE PRISONNIER D'AZKABAN*

« Ils n'ont jamais inventé de sortilège que notre Hermione ne sache refaire. »

RUBEUS HAGRID
— *HARRY POTTER ET LA CHAMBRE DES SECRETS*

Mais tous les cours ne sont pas faciles pour Hermione. En troisième année, elle découvre la seule matière à Poudlard qui ne l'intéresse pas : la divination, l'art de prédire l'avenir. Hermione préfère les matières logiques aux devinettes.

« À l'instant même où vous êtes entrée dans cette pièce, j'ai senti que vous ne possédiez pas l'esprit qui convient pour l'art noble qu'est la divination... »

PROFESSEUR TRELAWNEY — *HARRY POTTER ET LE PRISONNIER D'AZKABAN*

Hermione s'offre parfois une pause dans ses études pour s'amuser. Tout Poudlard en parle lorsqu'elle va au bal de Noël avec Viktor Krum, le célèbre joueur de Quidditch de Durmstrang.

Ron est jaloux que Hermione aille au bal avec Viktor et non avec lui.

« La prochaine fois, trouve le courage de m'inviter avant que quelqu'un le fasse, et pas parce que tu n'as personne d'autre ! »

HERMIONE GRANGER
— *HARRY POTTER ET LA COUPE DE FEU*

À ses débuts à Poudlard,
Hermione tient à respecter le règlement.
En grandissant, elle découvre
qu'il est parfois bon de savoir l'enfreindre.

« Maintenant, si ça ne vous dérange pas, je vais me coucher, avant que l'un de vous ait encore une brillante idée pour nous faire tuer. Ou pire, nous faire expulser. »

Hermione Granger —
Harry Potter à l'école des sorciers

« C'est excitant de ne pas respecter le règlement ! »

Hermione Granger — *Harry Potter et l'Ordre du Phénix*

Famille, amis et ennemis

Hermione se fait beaucoup d'amis dans le monde des sorciers, dont Harry, Ron et d'autres élèves. Hermione est une amie passionnée et fidèle, qui ne recule devant rien pour protéger ceux qu'elle aime, même si elle doit se mettre en danger elle-même.

Hermione, comme la mère de Harry, est née de parents moldus.

Hermione vient d'une famille aimante et ordinaire.

Hermione : « Mes parents sont dentistes. Ils soignent les dents des gens. »

Professeur Slughorn : « Oh, fascinant ! Est-ce considéré comme une profession dangereuse ? »

HARRY POTTER ET LE PRINCE DE SANG-MÊLÉ

Hermione est souvent moquée à propos de ses parents non-sorciers. Drago Malefoy l'appelle « Sang-de-Bourbe ».

« Certains sorciers, comme la famille Malefoy, pensent qu'ils valent mieux que les autres parce qu'ils ont ce qu'on appelle un sang pur. »

RUBEUS HAGRID — *HARRY POTTER ET LA CHAMBRE DES SECRETS*

Drago
et ses amis

Les parents de Hermione sont fiers que leur fille soit une sorcière. Pourtant, celle-ci efface leurs souvenirs pour les protéger des Mangemorts de Voldemort.

« Oubliettes ! »

Hermione Granger — *Harry Potter et les Reliques de la Mort*, 1re partie

Hermione réconforte ses amis quand ils en ont besoin.

En cours de défense contre les forces du Mal, Maugrey Fol Œil fait une démonstration du sortilège Doloris, torture qui fut employée contre les parents de Neville. Après le cours, Hermione console ce dernier.

Hermione encourage Harry avant une épreuve
du Tournoi des Trois Sorciers.

Hermione : « La clé, c'est d'être concentré. Après, il te suffit de... »
Harry : « ... battre un dragon. »

Harry Potter et la Coupe de Feu

Hermione n'abandonne jamais ses amis, même devant le danger.

En sixième année, Hermione veille au chevet de Ron à l'infirmerie, après qu'il a bu par accident du poison destiné au professeur Dumbledore.

Pensant que Sirius Black, évadé de la prison d'Azkaban, veut faire du mal à Harry, Hermione se jette au devant du danger pour protéger son ami.

« Si vous voulez tuer Harry, il faudra nous tuer aussi ! »

HERMIONE GRANGER — *HARRY POTTER ET LE PRISONNIER D'AZKABAN*

Hermione refuse de laisser Harry chercher seul les Horcruxes de Voldemort. Elle sait qu'elle doit rester au côté de son ami dans cette mission dangereuse.

« Tu crois vraiment que tu vas pouvoir trouver tous ces Horcruxes tout seul ? Tu as besoin de nous, Harry. »

HERMIONE GRANGER — *HARRY POTTER ET LE PRINCE DE SANG-MÊLÉ*

Hermione refuse de divulguer des secrets sur leur quête des Horcruxes, même torturée par Bellatrix Lestrange, une Mangemort féroce.

Hermione protège ceux qui comptent pour elle. Elle défend Hagrid et Buck quand Drago ironise à propos de l'exécution imminente de l'hippogriffe.

«Tu vas voir, espèce de sale petit cancrelas répugnant !»

Hermione Granger — *Harry Potter et le Prisonnier d'Azkaban*

Ses grands moments

À Poudlard, Hermione est réputée être la sorcière la plus intelligente de sa génération. Au cours de ses aventures avec Harry et Ron, c'est souvent grâce à ses connaissances, sa logique et sa rapidité d'esprit que le trio s'en sort et triomphe.

Hermione sauve souvent la situation en appliquant au moment critique ce qu'elle a appris en classe.

C'est Hermione qui comprend que Touffu, le chien à trois têtes de Hagrid, se tient sur la trappe qui cache la pierre philosophale.

Hermione utilise ses connaissances en botanique
et sur les plantes dangereuses pour aider Harry
à trouver la pierre philosophale cachée à Poudlard.

«Filet du Diable, Filet du Diable,
à l'ombre est vivace...
Mais au soleil grimace. C'est ça!»

Hermione Granger — *Harry Potter à l'école des sorciers*

En deuxième année, durant le cours de défense contre les forces du Mal, le professeur Lockhart libère de leur cage des lutins de Cornouailles.

Seule Hermione connaît le sortilège qui peut arrêter les petites créatures facétieuses.

« Immobilus ! »

Hermione Granger — *Harry Potter et la Chambre des Secrets*

Au fil des années, Hermione devient experte dans la préparation du Polynectar, qui permet de prendre l'apparence d'une autre personne.

Hermione utilise le Polynectar pour se faire passer pour la Mangemort Bellatrix Lestrange.

Elle l'emploie également pour pénétrer dans le ministère de la Magie avec Harry et Ron.

Grâce à ses recherches à la bibliothèque, Hermione découvre que la mystérieuse bête de la Chambre des Secrets est un basilic, ou roi des Serpents.

Croiser *directement* le regard d'un basilic est mortel.

Hermione voit le basilic *indirectement*, dans un miroir. Elle survit, mais elle est pétrifiée, c'est-à-dire changée en pierre.

Avant d'être pétrifiée, Hermione a laissé pour Harry et Ron un indice à propos du basilic.

Grâce à Hermione, Harry parvient à vaincre le basilic et à sauver Poudlard de la terreur et de la destruction.

Hermione utilise un Retourneur de Temps pour sauver Buck, l'hippogriffe de Hagrid, et Sirius Black, le parrain de Harry.

Hermione
et Harry
regardent
se dérouler
les événements
du passé.

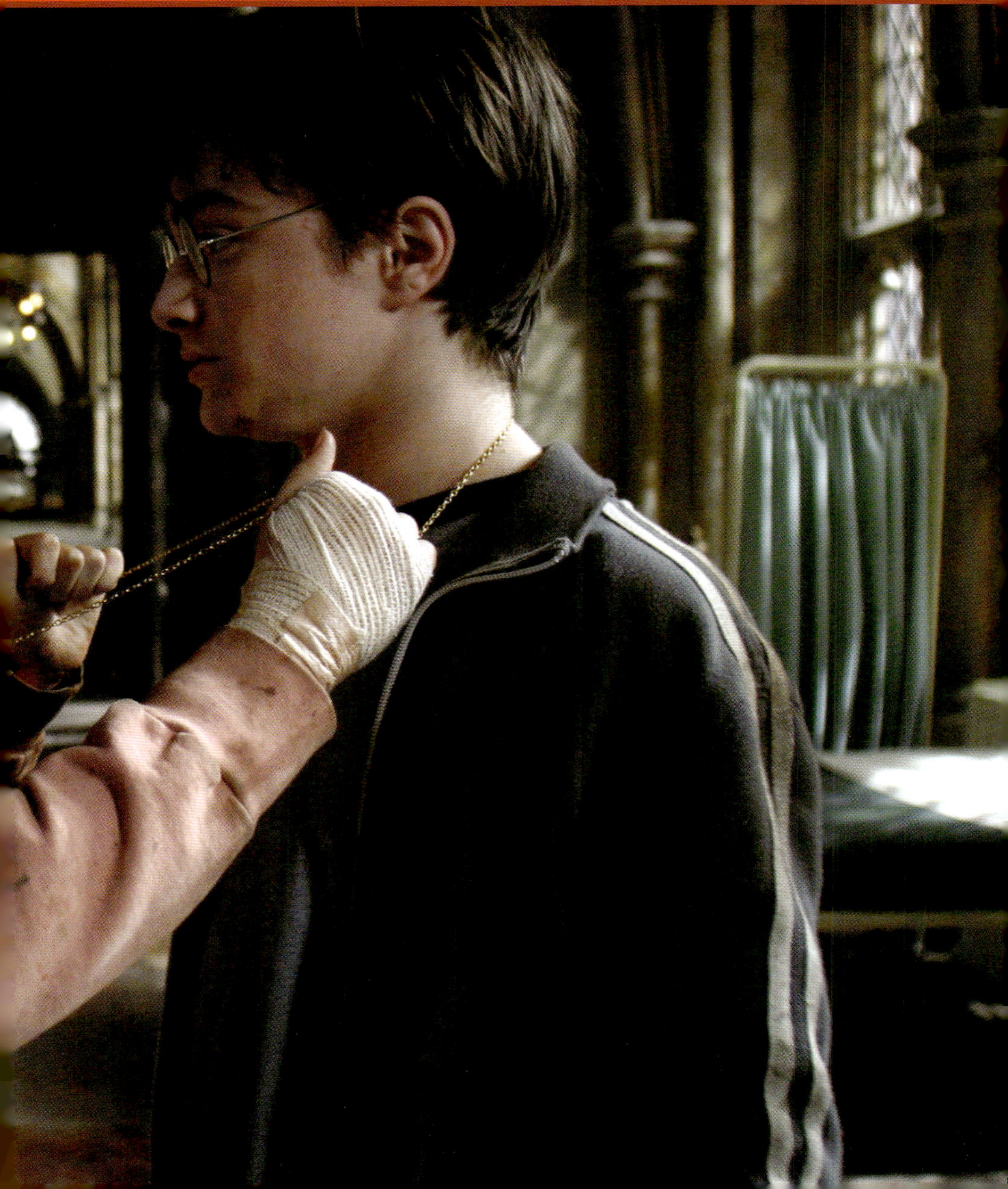

En fuite avec Harry et Ron, Hermione enchante son petit sac violet d'un sortilège d'Extension indétectable. Ainsi, elle est équipée pour toutes les situations.

Le sortilège agrandit l'intérieur du sac tout en conservant son aspect extérieur d'origine, ce qui permet à la jeune fille de transporter ce qu'elle veut.

Dans son sac, elle a une tente magique qui se révèle bien utile pendant la chasse aux Horcruxes.

Quand Ron est désartibulé après avoir transplané depuis le ministère, Hermione le soigne avec l'essence de dictame qu'elle garde toujours dans son sac.

Quand Harry, Ron et Hermione pénètrent déguisés dans Gringotts pour y chercher un Horcruxe, ils sont découverts, et Hermione doit trouver le moyen de s'évader.

Hermione : « Qui a une idée ? »
Ron : « Mais c'est toi le génie ! »
Hermione : « J'en ai une, mais
il faut être… malade ! »

Harry Potter et les Reliques de la Mort, 2de partie

Hermione saute audacieusement sur le dragon cracheur de feu qui garde les coffres de Gringotts. La bête traverse le toit de la banque et s'élance dans le ciel, tandis que Hermione, Ron et Harry s'accrochent à son cou autant qu'ils le peuvent.

Contre les forces du Mal

La détermination et le cran de Hermione, ajoutés à sa maîtrise des sortilèges, en font l'une des plus fortes alliées de Harry Potter. Elle mène à ses côtés nombre de grandes batailles.

En cinquième année, Hermione a l'idée de lancer la société secrète baptisée l'armée de Dumbledore pour apprendre aux élèves à se défendre contre la magie noire.

Hermione persuade Harry d'enseigner la magie défensive à leurs camarades.

« Il faut que nous puissions nous défendre. Et si Ombrage refuse de nous apprendre comment, nous trouverons quelqu'un. »

Hermione Granger — *Harry Potter et l'Ordre du Phénix*

Les élèves de l'armée de Dumbledore apprennent à produire un Patronus, une forme protectrice qui repousse les Détraqueurs.

Les membres de l'armée de Dumbledore testent leurs compétences.

Quand un groupe de Rafleurs découvre Ron, Hermione et Harry dans les bois, la présence d'esprit de Hermione leur permet de gagner du temps en camouflant leur véritable identité.

Hermione lance à Harry un sortilège qui fait gonfler son visage et le rend difficile à identifier par les Rafleurs.

Les Rafleurs les emmènent au manoir des Malefoy, où Drago sera à même d'identifier ses anciens camarades.

Hermione joue un rôle décisif dans la bataille finale de Poudlard et la chute ultime de Voldemort.

Hermione et Ron entrent dans la Chambre des Secrets à la recherche d'un crochet de basilic pour détruire le diadème de Serdaigle, un Horcruxe.

Soulagés d'être vivants, Hermione et Ron admettent enfin leurs sentiments l'un pour l'autre et s'embrassent.

« On tiendrait pas
deux jours sans elle ! »

RON WEASLEY — *HARRY POTTER ET LES RELIQUES DE LA MORT, 2DE PARTIE*